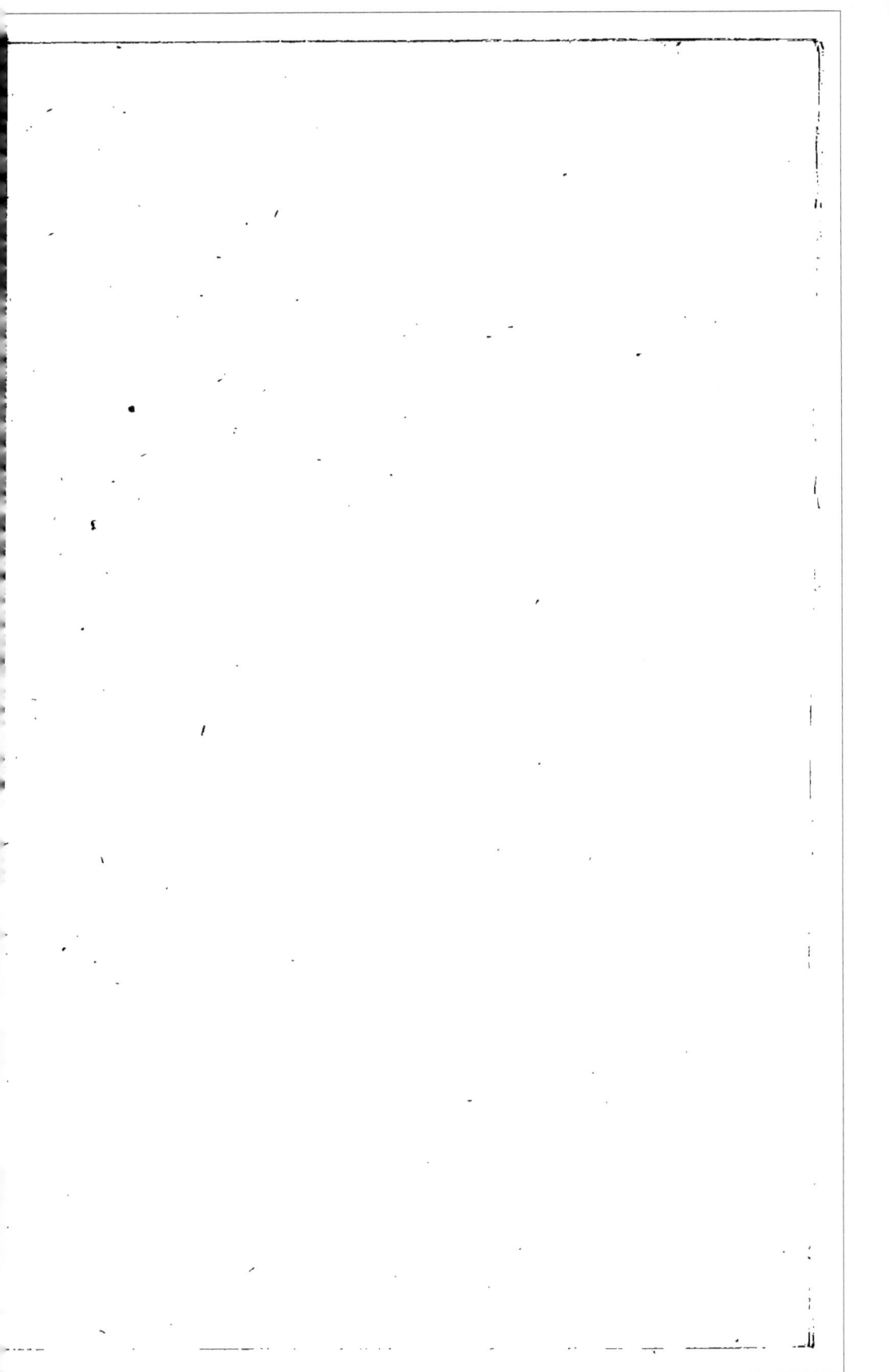

LK 42

UNE EXCURSION

AUX

EAUX D'AHUNSKI

(PAYS BASQUE),

PAR

U. BARBEREN, Avocat.

———◦◦◦◦⧓◦◦◦◦———

PAU,

IMPRIMERIE DE É. VIGNANCOUR.

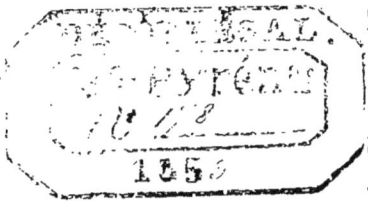

NOTE DE L'ÉDITEUR.

—

Voulant rendre de plus en plus complet le *Manuel Indicateur de l'Etranger aux Etablissements Thermaux des Pyrénées*, nous avons cru devoir faire imprimer séparément, dans le même format, un intéressant feuilleton qui vient de paraître dans le *Mémorial*. Les Eaux d'Ahunski jouissent, dans le pays Basque, d'une réputation qui ne fait que s'accroître chaque jour. Les personnes qui seront conduites vers cette source pour soulager leurs infirmités, comme les touristes qui voudront visiter un pays digne, à tous égards, d'être plus connu, nous sauront gré de cette publication.

UNE EXCURSION

AUX

EAUX D'AHUNSKI.

(PAYS BASQUE.)

————————>•<————————

I.

Parmi les groupes de promeneurs, qu'attire à Pau, sur la Place Royale, la beauté du point de vue, l'on discourait, un jour, des sîtes les plus remarquables des Pyrénées.

« J'en connais, et des plus beaux, dont le nom » ne figure même pas sur vos Guides, « observa » l'un des promeneurs, habitant du pays. » — Voilà » deux ans que vous courez les Pyrénées, conti- » nua-t-il, en s'adressant à l'un de ses inter-

» locuteurs , prétendu touriste , qui ne voya-
» geait qu'en chaise de poste, je parie que vous
» n'avez pas visité la vallée d'Aspe, le Josbaigt ,
» ni la vallée de Soule. — Ce sont pourtant ,
» les plus belles pages d'un Album des Pyrénées.
» — Regardez donc si votre Guide vous parle des
» eaux d'Ahunski ? — Comment dites-vous, s'écria
» le Touriste, ceci, c'est du Polonais. — Non,
» c'est du Chinois, Ahuns-ki ou A-huns-ki, ré-
» partit gravement un troisième, orientaliste de pro-
» fession. — Ni l'un ni l'autre, messieurs, Ahunski
» est situé sous le 42e degré de latitude , à en-
» viron un degré ouest du méridien de Paris ;
» mais plutôt, tournez les yeux, s'il vous plaît,
» vers les Pyrénées : voyez-vous, à droite, ce pic
» bleuâtre qui ferme l'horison ? C'est Orhi.—A ses
» pieds, c'est-à-dire à 12 ou 1300 mètres au-des-
» sus du niveau de la mer , sont les eaux dont
» je vous parle, les eaux d'Ahunsqui, véritable
» oasis champêtre, d'autant plus digne de la visite
» des touristes, qu'il ne ressemble pas, comme la
» plupart de nos établissemens du même genre à
» un quartier de Paris transporté dans les mon-
» tagnes.

— » A quelle distance sont elles de Pau ? —
» Six heures de voiture jusqu'à Mauléon , et de là,

» quatre heures à cheval. — En tout, un jour de
» marche. » Moitié curiosité, moitié désœuvrement,
car l'on touchait à cette époque de l'année où la
ville devient une solitude, le voyage fut décidé à
l'instant même.

En Route.

Nous partîmes, dans la nuit même, par la route
de Monein. — Du haut de la côte d'Arbus, nos
regards envoyèrent un dernier adieu, vers les blanches maisons de Pau, cachées à demi par le Parc,
comme dans un nid de verdure. — Sur le fond du
paysage éclairé par la lune, se découpaient en
noir, à la manière des ombres chinoises, les si-
lhouettes bizarres des massifs d'arbres et des coteaux.
— Tout, dans cette admirable vallée qui se déroule
de Betharram à la tour de Moncade, dormait à
cette heure, sous la molle influence de la lumière
nocturne.

Les bruits du gave montaient, seuls, jusqu'à
nous, comme la respiration mystérieuse de ce monde
endormi, dont il semblait être l'ame et la vie.

Nous arrivâmes sur les coteaux de Lucq, aux
premières lueurs du matin. — Qui ne connaît cette
heure ravissante, pleine de sève et de fraîcheur, où

l'univers semble naître à une vie nouvelle, à mesure qu'il sort des ombres de la nuit ? — Jamais tableau mieux fait pour lui servir de cadre, que celui qui, dans ce moment, s'offrait à nos yeux.

La vallée de Navarrenx étale, sous nos pieds, les couleurs les plus variées de cette riche palette dont le printemps se réserve le divin secret. — Vers la gauche, près des premières assises des montagnes de la vallée d'Aspe, le vieil Oloron groupe ses toits pittoresques, autour de son antique église de Ste-Croix. — De jolis villages s'éparpillent joyeusement dans la plaine, parmi les prairies et les moissons ; et le gave fuit à droite, vers Sauveterre, où les vapeurs du matin, balayées par le vent, se replient en ondulant sur elles mêmes, pareilles aux vagues de la mer, dont elles imitent, à l'horizon, les grandes perspectives.

De l'autre côté de la vallée, s'élèvent en face de nous, les riches côteaux du pays Basque, avec cet air de majesté, qui sied au sol fécond d'un peuple antique, *patria tellus*, comme dit le poète. — Chacun de leurs verdoyans étages forment les degrés successifs d'une sorte d'amphithéâtre qu'il nous reste à gravir, pour dormir ce soir aux pieds de ces pics lointains, dont l'azur semble se fondre avec celui du ciel.

II.

Mauléon.

Au centre de ces côteaux, s'arrondit mollement, comme une corbeille de verdure et de fleurs, la délicieuse vallée de Soule qui est avec la vallée d'Aspe, la reine des Pyrénées. — De peur de surprise, l'entrée en est gardée, ainsi qu'aux siècles gothiques, par un vieux fort qui domine Mauléon. — Elle semble ménagée, là, par la nature, sous les pas du voyageur prêt à franchir les Pyrénées, comme une invitation gracieuse à quelques heures de repos.

Que faire? demanda quelqu'un, pendant les heures brûlantes qui nous séparent du départ?

— Doucement, s'écria le gros touriste ; et de déjeûner, n'est-il pas l'heure à votre appétit? Cette motion rallia, comme par enchantement, les opinions les plus divergentes.—Pascal a dit que les deux portes de la persuasion, chez l'homme sont le cœur et la raison.

Il en a oublié une troisième, qui est le ventre. Combien d'hommes qui ne s'apprivoisent pas autrement!

Malgré les provocations épicées d'une excellente cuisine Basquaise, on ne saurait rester six heures à table..... Tout en discutant sur l'origine des Basques, nous parcourions les rues de la ville, à la piste de ces jolis minois de Basquaises, qui se dérobaient malicieusement, derrière les jalousies.

Nous nous arrêtâmes sous une superbe allée d'ormeaux qui semble tirée, comme un rideau, sur une partie de la ville, pour l'abriter du vent du nord. Notre orientaliste était en train d'affirmer sur la foi d'un monsieur du Mège, que les Basques ne pouvaient être que des trainards Visigoths, oubliés dans les gorges des Pyrénées.

« Je ne m'attendais pas à voir les Basques traités de Cagots, » s'écria brusquement un vieux prêtre en cheveux blancs, assis à quelques pas de nous, et qui suivait avec intérêt notre débat. — A cette exclamation, je reconnus un digne fils des Cantabres et des *Eskaldunac.* — Le vieux prêtre vint vers nous, en nous saluant ; dès ses premières paroles, nous fîmes cercle autour de lui.

« Ne demandez pas, nous dit-il, à la civilisation » Eskuara, les merveilles architecturales de ses » puînées, l'Assyrie ou l'Egypte, ni les poèmes et » les beaux arts de la Grèce, son arrière petite- » fille, dans la généalogie des sociétés. — Elle n'a

» laissé d'autre monument que sa langue, parce
» qu'elle correspond à cet âge pastoral et nomade
» qui fut le premier du monde et qui s'est perpétué
» jusqu'à nos jours par les patriarches et par les tribus
» arabes.—A ceux qui l'interrogent sur ses titres
» de noblesse, elle répond par le nom de son père,
» *Sem*, l'aîné des fils de Noé; le fils par excel-
» lence, selon le droit antique, nom sacré, que
» nos générations se sont religieusement transmis et
» dont la langue Basque se sert encore aujourd'hui,
» pour désigner ses fils... Sémé... Sémee... Sémia.

» Vous êtes nos cadets, messieurs; vous les hommes
» de race Japhétique, vous nous avez supplantés
» dans les sombres contrées du froid occident; et
» l'histoire de tous vos peuples est fatalement mar-
» quée d'une origine violente, par la disparition
» mystérieuse d'une nation primitive, aborigènes
» ou autochtones, qui n'était autre que nos aïeux.—
» Mais nos frères de l'Inde ont sû garder, pour
» eux, le soleil de l'Orient et les trésors qu'il fait
» éclore, sous leurs riches climats. — La langue
» Basque retrouve dans le Sanskrit ses titres de
» parenté.

» Pour moi, je vais plus loin, continua le vieux
» prêtre, avec une sorte d'enthousiasme juvénile;
» je soutiens, sans crainte du ridicule, qu'à cette

» aurore du monde, où la bible nous montre le
» Seigneur prenant une voix et conversant avec
» l'homme comme pour assouplir les lèvres muettes
» de sa créature, au mécanisme de la parole, c'est
» en Basque qu'il a dû parler.—Oui! messieurs,
» dit-il, en voyant un léger sourire accueillir ses
» paroles, je regrette que vous ne sachiez pas le
» Basque, les preuves abondent. »

Rien n'est fortuit, vous le savez, dans les langues anciennes, chaque radical a sa raison d'être et son histoire. Cela posé, je vais vous montrer que dans la langue Basque, le même radical *ad* ou *ar* se retrouve dans le mot qui désigne le 1er homme, *Adam* ou *Aram*, et le mâle *Ada* ou *Ara*.

Le nom de la première femme est *Eve* prononcé *Eba*, dans les langues anciennes. — Or en Basque, le mot *eba* est le radical du verbe *ebaki* (couper, fractionner), de sorte qu'il désigne à la fois le nom de la première femme, et l'idée de coupure. — Ce rapprochement n'est que la traduction de la cosmogonie biblique, qui nous montre la femme faite d'une côte de l'homme. Le mot *arreba* (ar-eba) (fraction de l'homme), signifie la sœur, c'est-à-dire la femelle.

Une preuve, entr'autres, de l'antiquité de notre langue, c'est que les savants qui bornent, à trois

jours, la division de la semaine primitive, auraient pû demander au Basque la confirmation de
leurs recherches. *Asté-lehena* (de la semaine le
premier)... *asté-arthea*.. (de la semaine le milieu)..
aste-esquéna... (de la semaine le dernier.)

Le vieux prêtre n'avait pas achevé, que notre
orientaliste lui répondait par une dissertation en
plusieurs points sur l'origine du langage.

Vous avez un mot Basque qui en dit plus que
tous les philosophes, disait l'orientaliste ; le premier son, la première voix qui se module aux
lèvres du nouveau-né est une plainte, un gémis-
sement.

C'est par la douleur (*min*), en Basque, que
l'homme commence l'apprentissage de la vie! — De
ce radical, *min*, douleur, vous avez fait *mintza*,
parler. — *Mintzaia*, le langage, n'est que le per-
fectionnement de cette première voix inarticulée,
à mesure qu'il s'est fait, dans notre intelligence,
une perception plus nette de nous-même et du
monde extérieur.

Pour ramener la conversation de ces problèmes
transcendants, où elle s'égarait, quelqu'un demanda
d'où pouvait venir l'origine de Mauléon.

« C'est un nom dont s'énorgueillit, à bon droit,
la petite capitale de la Soule, répondit le vieux

curé; Mauléon, traduction française du mot latin
malleo, *malus leo*. Ces lieux-ci furent les ther-
mopyles des vieux Cantabres. Dans les nombreuses
entreprises des Romains, contre nos aïeux, cette
vallée fut toujours le boulevard de leur indépendance, et les Romains, en se retirant, ont at-
taché cette injure glorieuse, à ce défilé que jamais
ils n'ont pû franchir. Telle était d'ailleurs l'im-
pression profonde qu'ils avaient emportée de la
bravoure des Basques, que pour la traduire, ils
n'ont qu'un mot, toujours le même, *leo*, le lion!
— Pas d'écolier Basque qui ne connaisse ce vers
du poëte latin :

    « *Cantaber in bello dicitur esse leo.* »

On vint nous avertir en ce moment, que les
chevaux étaient prêts et nos légers bagages char-
gés sur des mulets. — Mais où donc allez-vous?
demanda le vieux prêtre, comme nous prenions
congé de lui. — Nous allons à Ahunski. — *Ahunski*,
reprit-il, c'est le pays des chèvres, Ahunskia ;
d'*Ahunza*, la chèvre. Mais ne vous effrayez pas,
d'avance, de cette étymologie qui semble ne vous
promettre que des rochers semés de précipices.
— Vous trouverez une belle pelouse, au midi,
sur le penchant d'une montagne riche de nom-
breux troupeaux et de grands pâturages. — Nulle

part, ne se sont mieux conservés les derniers
vestiges de la vie pastorale de nos ancêtres : et
peut-être, à votre retour, Messieurs, serez-vous
moins fiers des charmes de vos villes et de la
supériorité de votre civilisation ?

III.

Au sortir de Mauléon, l'on suit la rive gauche
d'un gave rapide et sinueux, qui dessine ses larges
rubans d'argent, sur le fond vert des prairies.

La route, aussi douce aux pieds des chevaux que
l'allée d'un parc, s'ombrage de grands arbres et
traverse de beaux villages, que trahit de loin,
la fumée des toits, derrière les jardins.

C'était l'heure où les laboureurs ramenaient leurs
bœufs vers l'étable et se pressaient à l'entrée des
villages, comme un peuple d'abeilles autour de
leurs ruches. — Des mœurs orientales de leurs
ancêtres, ce que les Basques ont le mieux con-
servé, c'est le culte des tombeaux. — Leurs villages empruntent à la beauté des cimetières, une
physionomie particulière et pleine pour l'âme,
d'une inexprimable douceur. — Rien n'égale le
calme et l'aspect mélancolique de ces tombes rus-

tiques, à demi cachées sous les fleurs, que chaque dimanche, des mains pieuses viennent y renouveler!

Dès qu'on a dépassé le village de Mendi, tandis que le regard s'éloigne à regret des perspectives gracieuses de la vallée de Tardets, il faut gravir la rampe pénible de la gorge d'Aussurucq et s'enfoncer dans les sentiers touffus de la forêt d'Ithé. — Tout à l'entour, une solitude absolue, mais une solitude parée des richesses d'une végétation inépuisable, et qui rappelle dans le désordre de son luxe sauvage, les descriptions des forêts vierges du nouveau monde.

Du bois d'Ithé, l'on débouche dans une clairière où se donnent rendez-vous les deux routes de Tardets et de Mauleon, pour monter ensemble vers Ahunski.

Enfin, derrière un léger repli du sol, surgit au-dessus de nos têtes, un groupe de maisons blanches, à la physionomie hospitalière : — Autour d'elles, se dessine un réseau de sentiers et de promenades naissantes que tracent lentement les pas des buveurs allant à la fontaine....... C'est Ahunski!

Les tableaux de la nature ont besoin, comme ceux du théâtre, des prestiges de la lumière et des

artifices de la mise en scène. Le soleil couchant
s'était chargé pour nous des frais de la décora-
ration. — Les glaciers des Pyrénées lui renvoyaient
en légers reflets roses, les feux de ses derniers
rayons. — Sa lumière, prête à disparaître, flottait
encore sur les hautes cîmes, comme le bord trai-
nant d'une robe d'or, tandis que les flancs des
montagnes se voilaient à demi, sous les vapeurs
du soir qui leur prêtaient une sorte de transpa-
rence fantastique. — De la vallée qui circule aux
pieds d'Ahúnski, l'ombre montait rapidement, chas-
sant devant elle les troupeaux vers les bergeries.

L'air nous apportait les échos de cette retraite
rustique. Il s'y mêlait, à la fois, les notes graves
du bêlement des moutons, les sifflets aigus des
pasteurs, la voix retentissante des chiens; les
cris jetés d'une montagne à l'antre, les refrains
Basques chantés en chœur par des poumons d'ai-
rain et par dessus ce concert, dont la distance
adoucissait la sauvage harmonie, se détachaient,
légers et gràcieux, comme une musique aérienne,
les tintements lointains des clochettes pendues au
cou des bœufs, pour cadencer leur marche paisible.

IV.

La Fontaine.

Il est convenu d'avance , que , dans la description d'un établissement hydrothérapeutique quelconque , tous les chapitres ne sont que les corollaires d'un chapitre principal traitant de la source elle-même.

Là, sous peine de passer pour un faiseur de phrases, l'auteur qui tient à sa réputation d'homme sérieux, un peu compromise, peut-être, par les excentricités étymologiques de son vieux prêtre, doit faire de la science, c'est-à-dire expliquer au lecteur le Comment et le Pourquoi des vertus merveilleuses de la source en question.

Mieux vaudrait, cependant, pour vous 'et pour moi , lecteur, suivre les groupes des buveurs, qui gravissent, avec l'aurore, le chemin de la fontaine et jouir du spectacle varié qu'elle présente à cette heure matinale.

L'eau jaillit, en pétillant, du creux d'un grand rocher, plus claire et plus transparente que le verre où elle est reçue par de rieuses jeunes filles, empressées à la faire circuler parmi leurs voisins. — Le trop plein de la source tombe dans de grandes auges en bois, où viennent s'abreuver en beuglant au soleil levant, les bestiaux d'alentour.

Pas n'est besoin de présentation, pour se mêler à cette population babillarde, qui reprend avec un joyeux entrain, les propos de la veille. — Elle se compose en partie de pasteurs et de propriétaires du pays, à la physionomie franche et honnête, très polis sous leur veste et leur berret, envers les Messieurs et les Dames, qui veulent bien honorer la fontaine de leur visite.

Plus de soucis d'affaires ou de position; plus de ces devoirs d'étiquette, qui sont les lisières où la vanité tient l'homme emmailloté jusqu'à la tombe.

La gaieté circule avec l'air frais de la montagne, rajeunissant, à la fois, l'âme et le corps, sous son influence vivifiante. — Je la crois, de moitié, dans les cures étonnantes, que la médecine constate aux Eaux d'Abunski.

Laissez la chimie traiter avec dédain ces eaux dont les vertus subtiles échappent à son analyse.

Elle vous dira, je le sais, que l'eau d'Abunski est une eau très-peu chargée de principes minéralisants, qu'elle ne contient pas de principes sulfureux, mais qu'elle est formée principalement : de silicates de soude et de potasse; de carbonates

alcalins et terreux, de sulfates, de chlorures, d'un
iodure non douteux, puis d'un indice de fer, d'a-
lumine et de matière organique, en tout 0 gr 05
par litre.

N'est-ce point avec la même gravité doctorale,
que la science nous a présenté successivement la
formule de la composition chimique de nos diverses
sources minérales ? Elle va même jusqu'à pré-
tendre les recomposer. Mais il se fait, je ne sais
comment, qu'il manque une chose essentielle à son
œuvre, c'est-à-dire la vertu thérapeutique.

Quelque soit cet élément insaisissable, qui fé-
conde les eaux où l'homme va chercher la santé,
on voit tous les jours la fontaine d'Ahunski renouveler les merveilles de cette fontaine de Jouvence,
trouvée en paradis, par Ogier, disent nos vieilles
ballades :

> En paradis trouva l'eau de Jouvence,
> Dont il se sçut de vieillesse engarder,
> Bien à propos.

Pour ne citer qu'un nom, appelé, peut-être, à
figurer un jour, dans les chansons Basques, comme
celui du vaillant Ogier, dans les ballades gothiques,
le maréchal Harispe a trouvé sa fontaine de Jouvence,
aux eaux d'Ahunski. — Ce sont elles qui l'ont gardé de

vieillesse ; « *bien à propos* , » diront tous ses com-
patriotes, avec le vieux refrain du moyen-âge.

L'année dernière , Ahunski reçut la visite d'une
grande dame, devenue supérieure d'un ordre reli-
gieux, sans avoir rien perdu des qualités aima-
bles de la femme du monde , et que l'on prendrait
pour une madame de Chantal , au XIX.e siècle.

La clientelle d'Ahunski a cessé d'être exclusivement locale.—On y trouve une bonne société qui
se plie , en riant, aux exigences de la vie pastorale.

Ces eaux sont souveraines pour deux catégories
opposées de malades : les uns , vieux invalides du
travail sédentaire , hommes d'affaires et bureau-
crates aux reins pétrifiés, à l'estomac débilité, à
l'échine torse ; les autres , jeunes gens et jeunes
filles, dont la fièvre de la jeunesse enflamme le
sang, en dépit de la quinine impuissante.

Et vous, surtout, épicuriens blasés, nouveaux
Tantales, que le défaut d'appétit met au supplice,
malgré les raffinemens de la gastronomie la plus
plus exquise, venez à la fontaine d'Ahunski. — Des
hécatombes de victimes ne suffiront plus à rassasier
votre Dieu, je veux dire votre estomac.

V.

Cependant la foule s'est écoulée vers la place
d'Ahunski, joyeux rendez-vous de divers chalets,

où s'abrite la population des buveurs. — L'orches-
tre dressé sur des barriques est conduit par le
menétrier *Chobat*, le Musard du pays. — aux sons
des violons et des tambourins, danseurs et dan-
seuses de faire cercle et les *sauts basques* de com-
mencer, avec des entrechats et des pirouettes à
désespérer Auriol.

> Sautez fillettes
> et garçons ;
> unissez vos joyeux sons,
> musettes
> et chansons.

Entre deux haies de curieux, voici le jeu natio-
nal Basque ; la balle, lancée par des bras vigoureux,
armés d'un gant recourbé. — En face l'un de l'autre,
se placent, à une certaine distance, les deux prin-
cipaux joueurs, se renvoyant la balle qui, tantôt.
décrit en l'air une gracieuse parabole, tantôt, passe,
en sifflant, aux oreilles des joueurs intermédiaires
courant pour l'arrêter. — Le *rebut* et le *trinquet*, ces
monuments indispensables de tout village Basque,
ne sauraient tarder plus longtemps à s'élever aux
eaux d'Ahunski. — Quoique moins indispensables peut-
être, que des embellissemens bien dirigés aux abords
de la fontaine. — Les lecteurs étrangers au pays
doivent savoir qu'on entend par rebut, un mur en

pierre de taille de 20 pieds de haut, contre lequel
la balle est jetée, pour être saisie au moment où
elle rebondit et lancée dans la direction des joueurs
opposés. — On voit souvent des joueurs, lancer ainsi
la balle à des distances incroyables, et d'une telle
violence, qu'elle renverserait un homme. — Le
Trinquet est une salle couverte. L'adresse y domine plus que la force, on y produit les mêmes
effets qu'au billard, les murs servant de bande et
le *tambour* de blouse.

Non loin de la place d'Ahunski, les pasteurs
vous montrent un gouffre béant comme un cratère,
et d'une profondeur incommensurable.—Les natura-
listes n'y sauraient trop admirer une stalactite, en
forme de colonne, qui s'élève, des profondeurs
de l'abîme jusqu'au niveau du sol, à une hauteur
prodigieuse.—D'après une légende locale, c'est là
que la terre s'entr'ouvrit sous les pas du chevalier
d'Uurruty, d'Aussurucq, coupable d'avoir quitté les
offices, un jour de dimanche, pour lancer sa meute,
après un chevreuil.—Lorsque l'orage gronde sur la
montagne, on entend encore, disent les pasteurs,
la meute aboyer dans les entrailles de la terre , et le
chasseur damné sonner du cor, emporté par cette
chasse infernale qui ne doit finir qu'à la fin du
monde.

VI.

Les Bohémiens.

Ahunski est une conquête assez récente de la civilisation sur les tribus Bohémiennes, réfugiées aujourd'hui dans le bois d'Iruty. — On les y rencontre encore, en petit nombre. — Mais l'approche de la foire de Pampelune multipliait leur passage depuis quelquesjours.—C'était une bonne fortune pour notre orientaliste.

Des Bohémiens, beaucoup ne connaissent que la Esméralda, cette ravissante création de Victor Hugo, d'autres la chanson de Béranger :

> Sorciers, bateleurs et filous,
> reste immonde
> d'un ancien monde,
> Sorciers, bateleurs et filous,
> Gais Bohémiens d'où venez-vous?

La question que pose le chansonnier, voilà long-temps qu'elle s'agite parmi les érudits, et long-temps encore il sera vrai de dire avec la joyeuse chanson :

> D'où nous venons, l'on n'en sait rien.
> L'hirondelle
> D'où nous vient-elle ?

Pour sa part, notre ami, dévoué à la solution de cette énigme vivante, comme d'autres à l'histoire d'un mollusque ou d'un coléoptère, la cherchait depuis quinze ans, du nord au midi, de l'est à l'ouest; parmi les *Gitanos* Espagnols, les *Zingari* Italiens, les *Gypsies* Anglais, les *Tattern* Norwégiens, les *Salasch* Slaves, les *Siguanes* Turcs, jusqu'aux *Loury* Persans. Passant en revue toutes ces tribus cosmopolites dont la parenté de mœurs et de figure prouve l'origine commune, sans éclaircir le mystère.

On ne tarda pas à venir nous signaler l'arrivée d'une de leurs caravanes. — Elle se composait d'un vieillard nommé *Péthiry*, chef de la bande et ménétrier de profession, de ses trois fils, de leurs femmes et de 4 ou 5 enfans, plus un petit âne destiné à porter leur fortune ambulante.

Péthiry était impatiemment attendu pour une noce que sa tribu célébrait le soir même dans la forêt d'Iraty, excellente aubaine que le malheureux était menacé de perdre, car les pieds enflés d'une longue marche, il lui paraissait impossible de pouvoir continuer sa route, jusqu'au lendemain.

Nous lui proposâmes de lui fournir un mulet s'il voulait nous introduire auprès de ses frères, et nous servir de guide et d'interprête, car il parlait quelque peu l'espagnol, ainsi que ses enfans.

La proposition fut acceptée avec empressement, et nous nous mîmes en route, aussitôt nos préparatifs terminés.

La forêt d'Iraty est le quartier général des Bohémiens.—Elle s'étend sur une longueur d'environ dix lieues, à travers les gorges et les étroites vallées qui circulent entre les dernières cîmes des Pyrénées, profonde et mystérieuse, comme une forêt vierge, d'un accès difficile, d'une surveillance impossible à notre administration forestière, par suite de son état d'indivision entre la France et l'Espagne ; aucun lieu ne saurait offrir un asile plus propice aux tribus Bohémiennes, rebelles à nos lois et à notre civilisation.

D'Ahunski, à la forêt d'Iraty la route traverse le *pas de l'Escalier*, célèbre dans le pays, par les dangers du passage.--Que l'on se figure un immense rocher formant saillie sur les flancs de la montagne *Zorhomendy*, et surplombant à une hauteur de plus de quinze cents pieds, des précipices épouvantables, connus sous le nom de *Bassak* (en basque, l'abîme sauvage, le chaos.)

A mesure que l'on monte, l'abîme se creuse à

droite et à gauche, le sentier n'est bientôt plus qu'une étroite arête de six pieds de large, isolée et comme suspendue dans le vide. — Au fond de l'espace que le regard épouvanté se refuse à mesurer, les *Bassak* ouvrent leurs gouffres de mort.

Mais si le passage n'est pas sans émotion, quel admirable dédommagement dans la beauté grandiose du point de vue que l'on y découvre!

Par delà, les mamelons et les vallées du pays Basque, la vue s'étend jusqu'à la ligne bleuâtre de l'Océan dans l'infini d'un horizon sans limite.

Derrière le spectateur, les Pyrénées décrivent un cercle gigantesque où depuis le Pic d'Ossau, jusqu'à la mer, les monts *Aspé, Anie, Ansabe, Orhi, Bosmendic, Belçu, Anza, Ertehubia,* le mont de la *Rhune,* détachent successivement leurs têtes colossales; et l'ame confondue ne sait laquelle des deux immensités est la plus admirable de celle des montagnes ou de celle de l'Océan!

Sur le versant opposé du Zorhemendy commence la forêt d'Iraty.

A peine en avions nous franchi le faîte, que Pethiry nous montra sur la lisière du bois, cinq ou six Bohémiens conduisant des mulets.

« *Debrien bizaia !* mais c'est *Boulharhandi !*
s'écria-t-il. » Voyez-vous cet amoureux en cheveux
gris, mon absence menace de retarder le signal
de la noce, et le voilà dans son impatience qui
vient à ma rencontre.

« Cet amour, qui lui rajeunit le cœur, devrait
» bien aussi lui rajeunir la figure et en faire un époux
» assorti à sa fiancée la plus belle fille de la
» tribu. »

Déjà les indiscrétions de Péthiry nous avaient mis
au courant de tous les détails de ce mariage. C'est
la même histoire, hélas ! que dans beaucoup des
nôtres. Un cœur aimant et jeune que l'on prétend
acheter pour une bourse d'or. Le lecteur ne s'at-
tendrait pas à trouver parmi les Bohémiens, le *mariage de raison*, dans toute sa crudité bourgeoise.
J'en suis fâché pour l'intérêt de mon récit, mais
la sincérité n'est elle pas le premier devoir de
l'historien ?

D'ailleurs, il n'est pas impossible que ces Bohémiens ne se soient déjà corrompus au contact de
notre civilisation ; je veux dire, que les mauvaises
graines poussant plus vite que les bonnes, de nos
usages sociaux les abus sont la première chose
à fructifier sur le sol vierge du bois d'Iraty.

« Boulbarhandi, nous avait déjà dit le vieux ménétrier, est le plus riche tondeur de mulets de
toutes les provinces Basques. Aussi, quoiqu'il soit
laid et brutal, qu'il ait dépassé la cinquautaine,
et qu'on le soupçonne de s'être débarrassé de ses
deux premières femmes, dans un accès de jalousie,
c'est un grand honneur qu'il fait au vieil *Aillande*,
de lui demander sa fille *Guéréchina.*

« Mon Dieu! que va devenir le pauvre *Johanné?* »
observa l'une des femmes. — Johanné était un beau
garçon de la tribu, danseur favori de Guéréchina.

« Je sais bien ce que je ferais à sa place, »
répondit le plus jeune des Bohémiens et son cou-
teau à demi tiré de sa poche achevait sa pensée
par un geste significatif.

« Taisez-vous, *Asto Sarak*, s'écria brusque-
» ment Péthiry.... pourquoi Johanné n'a-t-il pas
» su gagner à sa contrebande, des colliers d'or
» et des mantilles de soie, comme son rival ? Il
» n'y a pas de jeune fille qui résiste à ces co-
» lifichets. »

L'approche de Boulbarhandi mit fin à ce dialo-
gue. Il nous fit meilleur accueil que ne le promettait
sa mine farouche, enchanté qu'il était de nous
devoir le retour de son ménétrier, et par ses

ordres, un des Bohémiens courut prévenir Aillandé et le reste de la tribu, de l'approche d'hôtes
étrangers. — Puis, d'un air d'importance, il prit
la tête de la caravane, fièrement campé sur un
mulet harnaché de houpes et de plumets aux couleurs éclatantes.

Les Bohémiens avaient établi leur campement,
au milieu des ruines d'un vieux château célèbre
dans les légendes Basques.

Quoique d'origine assez récente, il ne manque
pas d'un certain caractère, sous les ronces et la
mousse qui recouvrent ses toits effondrés.

Des souvenirs mystérieux et sanglans pèsent sur
ses murs assombris par les noirs sillons de l'incendie
qui les a dévorés. C'est surtout à l'heure tardive
où nous arrivâmes, que le crépuscule, l'ombre
projetée des arbres voisins, le reflet ardent des
brasiers et des torches leur donnaient une appa-
rence fantastique, en harmonie avec les récits ter-
ribles dont ils sont les théâtres, dans les veillées
des paysans Basques.

Le pinceau d'un peintre habile pourrait seul
rendre l'aspect étrange de ce campement, digne des
compositions les plus *piccaresques* de Jacques Callot.

Autour de nous grouillait une population en gue-
nille, les regards empreints à la fois, de convoitise

et de curiosité. — C'est un pêle-mêle, d'enfants, d'anes, de cochons, de volailles errant en liberté.

Des chaudrons et des ustensiles de cuisine jetés à terre à côté des guitares et des tambours de Basque; en manière de tente et d'abri, des piquets fichés en terre et couverts de vieilles couvertures de cheval.

Au bout du camp, près d'une immense chaudière, où l'on voit bouillir je ne sais quel brouet infect et noir, se querellent une douzaine de vieilles femmes plus hideuses que les trois sorcières de *Macbeth* : celles-là font rôtir sur des charbons ardens des quartiers saignants de chevreau; d'autres, de leurs mains sales et crochues pétrissent en forme de galette, des boules de farine de maïs appelées *pastetch* et destinées à tenir lieu de pain.

Les apprêts de la noce se poursuivent ainsi, au milieu des cris et du désordre; tandis que deux ou trois Bohémiens achèvent la toilette d'une demi douzaine d'infortunés chevaux volés dans les environs, et qu'ils conduisent à la foire de Pampelune; l'un entr'autres, assez jolie jument gris pommelée, vit changer, par un procédé de teinture fort habile, la nuance argentée de sa robe, contre la noire couleur de l'ébène. — Qui sera bien surpris? L'acheteur, j'imagine.

Enfin, la nuit étant venue, la mariée parut et fut assise entre deux vieilles matrones, sur une espèce d'autel de verdure.

Elle était à peine âgée de 16 ans ; très brune comme les jeunes filles de sa race, mais sur ses joues, en dépit d'une émotion visible brillait le vermillon de la fleur du pêcher. Ses cheveux plus noirs que l'aile du corbeau se relevaient en deux larges bandeaux découvrant bien les tempes et le front et se ramenaient derrière la tête par une aiguille d'or.

L'expression un peu sauvage que des pommettes assez saillantes et l'arc prononcé de ses noirs sourcils donnaient à sa physionomie était heureusement tempérée par l'éclat velouté de ses grands yeux et les contours gracieux d'une bouche petite et souriante comme un vrai bouton de rose.

Son nez légèrement relevé lui donnait l'air mutin que devait avoir la *Esméralda* ; la ressemblance était complétée par un corset en velours noir serré autour d'une taille flexible, et par une bas quine formée d'oripeaux en soie de couleur éclatante.

Sous un bas gris semé de pailettes d'argent se dessinait une jambe fine et nerveuse, et ses petits pieds étaient chaussés de sandales attachées par des rubans rouges autour de la cheville. Ajoutez à ce costume, une chemise aux manches bouffantes et tailladées, une collerette droite et plissée comme elles étaient de mode en France, au temps de Catherine de Médicis, de grosses boucles d'oreille en forme de poires ciselées et un lourd collier d'or, cadeaux de noce de son fiancé.

L'assemblée fit un grand cercle et trois jeunes filles, dans un costume à peu près semblable à celui de Guéréchina, mais beaucoup moins riche, s'élancèrent, un tambour de Basque à la main. Leur danse était un mélange de pas Espagnols bizarrement modifiés par les bonds fougueux de ces bayadères sauvages, aux jarrets d'acier; l'œil en feu, les cheveux au vent, la bouche écumante, elles finirent à force de trémoussements, par tomber dans les bras des matrones qui les emportèrent.

C'est alors que commença la véritable cérémonie :

La musique cessa son tapage et les deux futurs époux s'avancèrent, seuls, au milieu du plus grand silence. — Quatre vieilles femmes placées aux quatre points cardinaux de l'assemblée, agitaient des branches d'arbre pour conjurer les mauvais esprits et psalmodiaient lentement des paroles inintelligibles. — Les torches et toutes les lumières furent éteintes; la lune éclaira seule, de sa lueur mystérieuse, cette nouvelle scène digne du Sabbath.

Les deux futurs époux furent placés en face de l'astre nocturne, de manière à leur faire de ses rayons une sorte d'auréole.

Aussitôt, le vieil Aillandé, montant sur le tertre que Guéréchina venait de quitter, prit un pot de terre et le lança en l'air... les éclats du vase précieusement recueillis furent immédiatement comptés à haute voix par lui et enfouis à l'instant même, dans un trou creusé de sa main.

« Vous l'avez tous vu, dit-il, ensuite, en éle-
» vant la voix; j'ai compté sept morceaux; pen-
» dant sept ans, cette femme t'appartiendra, Boul-
» harhandi, tu seras son maître et tu nourriras
» ses enfans.

» Et toi, continua-t-il en se tournant vers Gué-
» réchina plus tremblante qu'une feuille, pendant
» sept ans tu ne seras qu'à cet homme, tu seras
» sa servante et tu allaiteras ses enfants. »

A ces mots la musique de recommencer son tapage et le vin de circuler à la ronde dans des outres de peau de bouc.

L'orgie, dès lors, régna seule dans le camp. Nous mêmes, fort embarrassés de la contenance à garder en présence de ce festin de Cannibales auquel nous étions conviés, nous prétextâmes les préparatifs de notre départ pour le pic d'Orhi, du haut duquel nous voulions assister au lever du soleil.

Cependant notre ami l'Orientaliste avait repris avec cinq ou six Bohémiens moins avinés que les autres la conversation interrompue par la noce, et il était en train de leur faire subir l'éternel interrogatoire qu'il colportait dans les cinq parties du monde.

L'Orientaliste. — D'où venez-vous donc, mes amis, quelle est votre origine?

Les Bohémiens de se regarder bouche béante, en ouvrant de grands yeux.

L'Orientaliste.— « Je veux dire si vous savez d'où sont venus vos aïeux, s'ils n'étaient point étrangers à ce pays? »

Un Bohémien.—« Le français a raison! Notre
» race est venue du pays où se lève le soleil.—Je
» l'ai ouï dire à mon grand père qui était le plus
» ancien de la tribu.—Depuis le commencement du
» monde, il y a inimitié entre nous et les autres
» hommes.—Les gens de la plaine disent que nous

3

» sommes maudits, et d'après leurs prêtres, le
» premier Bohémien s'appelait Caïn. » (1)

L'Orientaliste.—« Toujours et partout la même
» réponse. Toujours et partout cette version gothique
» de quelque moine répandue dans le moyen âge et
» que ces Bohémiens ont acceptée des peuples chré-
» tiens, avec lesquels ils se sont trouvés en con-
» tact !—Voulez-vous que je vous dise votre véritable

---

(1) Voici à ce sujet, une note fort curieuse, que
je trouve dans une brochure de M. P. Bataillard,
sur les Bohémiens.

Symon-Siméon, voyageur du XIVᵉ siècle, ra-
conte que visitant l'île de Chypre, en 1332, il y
rencontra une race de gens qui suivaient le rite grec
et qui se disaient *de la famille de Chaym*. Cette
race, ajoute-t-il, ne s'arrête presque jamais en un
lieu quelconque, au-delà de 30 jours ; mais toujours
errante et fugitive, comme si Dieu l'avait maudite,
au bout de 30 jours, elle décampe à la manière des
Arabes, avec de petites tentes oblóngues, noires
et basses, courant ça et là, de caverne en caverne,
à cause que le lieu où ils demeurent se remplit
de vermine et d'immondices qui le rendent inhabi-
table.

» histoire ? Vous n'êtes ni des maudits ni les fils de
» Caïn ; mais c'est en effet de l'Inde , du pays où
» se lève le soleil que vos pères sont venus. »

Il se mit, alors, à leur raconter la légende trouvée
dans les auteurs Persans, sur les Lury , *livres* Indiens.

Le lecteur, probablement, n'y trouvera pas une
explication très satisfaisante de l'origine des Bohémiens, et j'avoue que les Bohémiens du bois d'Iraty
lui préféraient Caïn, l'homme maudit, qui parle
davantage à leur imagination.

Quoiqu'il en soit, personne plus que notre ami,
n'avait contribué à la répandre parmi le monde
savant, et peut-être y fera-t-elle fortune, en raison
même de son étrangeté. Il commença en ces termes :

« Le roi de Perse , *Bahram-Gur* , le plus grand
» prince de l'Orient , grand amateur de musique ,
» voulut en étendre le goût et les jouissances à
» tout son peuple.

» Il s'adressa donc à un roi de l'Inde pays où
» abondaient les musiciens ambulans, sous le nom
» de *Djatt* ou *Lury*. Ce roi lui en envoya dix
» mille qu'il répartit dans son royaume, après leur
» avoir donné des terres et mille charges de blé,
» pour qu'ils pussent vivre et ensemencer, plus
» de vaches et des ânes pour labourer. — Mais,

» accoutumés à la vie errante des chanteurs ambu-
» lans, les *Lury* vendirent leurs vaches, consom-
» mèrent leur blé, sans songer aux semailles, et
» ne gardèrent que leurs ânes, pour transporter
» leur tente vagabonde.

» Renvoyés de la Perse, en punition de leur
» faute, ils se dirigèrent vers l'occident où leurs
» fils, en se propageant, continuèrent la même
» vie aventureuse.

Comme l'orientaliste en était là de son récit, nous
entendîmes la voix de Péthiry qui nous cherchait,
pour nous mettre en route vers le pic d'Orhi.—Ses
fils seuls devaient nous servir de guides ; mais il
voulut nous accompagner lui-même à quelque distance du camp, ajoutant d'un air mystérieux que
s'il n'arrivait pas quelque chose d'extraordinaire,
l aurait bien le temps de dormir le lendemain.

Chaque fois qu'un détour de la route nous rame-
nait en vue du camp Bohémien, Péthiry s'arrêtait
de l'air d'un homme qui attend, « autrefois, disait-
il, en grommelant entre ses dents, les bohémiens
savaient mordre leur ennemi ; aujourd'hui, ils ne
savent que fuir. » Evidemment, la disparition de
Johanné le préoccupait.

Tout-à-coup, les feux du camp, que l'on voyait

s'éteindre dans la nuit et la distance, furent rem-
placés par une immense clarté suivie de sourdes
rumeurs.

L'incendie s'attaquait pour la seconde fois, aux
vieux murs du château d'Iraty.

« Bravo Johanné! s'écria Péthiry, ce sont les feux
» de joie de la noce de Boulbarhandi! »

Et ses fils, aussitôt, de nous planter là, courant vers camp s'enquérir de l'événement et du
sort de leurs femmes et de leurs enfants. — Il
fallut faire halte.

Attristés et confondus de ce drame terrible qui
nous donnait dans leur crudité locale, le spectacle saisissant des mœurs Bohémiennes, nous ad-
mirions, non sans une secrète horreur, la réver-
bération des flammes à travers les ténèbres. et
les grands arbres autour de nous, découpant leurs
rameaux et leurs dentelles de feuillage, sur le
fonds lumineux de l'incendie.

Péthiry, prenant notre silence pour une sorte
d'acquiescement à cette vengeance si naturelle pour
lui, depuis long-temps ennemi de Boulbarhandi,
ne cherchait pas à dissimuler sa joie.

Enfin, se tournant vers nous : « Ceci n'est qu'un
» jeu d'enfants, dit-il, auprès du grand incendie

» qui dévora le Château d'Iraty, voilà plus de
» cinquante ans. »

Vous l'avez vu? lui demandais-je. — « Si je
l'ai vu! » — Mais tout à coup, s'interrompant il
tomba dans un profond silence.

« Au fait, pourquoi ne parlerai-je pas? dit-il
» brusquement je suis trop vieux pour que vos
» gens de justice veuillent encore de moi... Vous
» me demandez si j'ai vu le premier incendie ?
» *A la djinkoua!* mes mains sécheront et tom-
» beront en poussière, avant que je n'oublie cette
» nuit et le feu qu'elles attisèrent.

» Johanné, ce soir, n'a fait que se souvenir
» de moi. »

(Evidemment l'amour-propre et l'orgueil, de ce
qu'il prenait pour un exploit, ouvrait la bouche
au Bohémien.)

« Il y avait eu, comme ce soir, de grandes
» fêtes au Château d'Iraty. — Mais à l'époque dont
» je vous parle, au lieu des ruines que la flamme
» est en train d'achever, le Château s'élevait fière-
» ment, flanqué de quatre tourelles, moitié palais,
» moitié forteresse, avec un large escalier de pierre
» devant la porte principale, un grand vestibule
» orné de colonnes, et tout à l'entour, un mur
» d'enceinte épais comme un rempart. »

A l'intérieur, on avait, dit-on, prodigué l'or, les glaces, les tentures et la soie dans les appartements exclusivement réservés à l'usage des maîtres.

Les écuries vastes et bien aérées auraient fait envie à l'habitation du paysan Basque le plus riche, et l'on y avait réuni les derniers produits de choix de la pure race Navarrine. — Je n'ai rien vu depuis qui pût leur être comparé. — Cet édifice tel que je vous le décris, datait déjà de quelques années avant ma naissance. — Le maître, grand Seigneur proscrit dans son pays, devait la vie, disait-on, au bon accueil de nos tribus, souveraines alors, sur les deux versants des Pyrénées. — Il y avait attiré toute une colonie de bucherons et de mineurs; et bientôt, tandis qu'on entendait les arbres de la forêt tomber sous la hache ou grincer sous la scie, les entrailles de la terre amenées au grand jour par le travail obstiné des mineurs venaient y livrer sous l'action du feu, les métaux précieux qu'elles recèlent. — Il me souvient aussi que non loin de la forge, d'autres fourneaux toujours incandescents s'emplissaient d'un sable blanchâtre, et cette substance liquéfiée par le feu servait à faire les vitres qui protègent vos maisons contre la bise, sans intercepter la lumière du jour. — Des deux côtés des Pyrénées, des caravanes de cent mulets sillonnaient nuit et jour, les sentiers qui conduisent à la plaine.

C'en était fait de notre race et de son domaine séculaire sur le bois d'Iraty. — Déjà l'appat de salaires élevés avait assoupli plusieurs des notres à la vie sédentaire. — L'indépendance est rude et souvent l'on meurt de faim dans les bois! — Bien nourris, bien vêtus, ils contrastaient par leur bonne mine, avec les haillons de ceux qui restaient fidèles à la vie errante et libre de nos pères.

Parmi les jeunes filles, surtout, plus accessibles aux séductions de la toilette et du bien-être, c'était à qui obtiendrait la faveur d'entrer en condition, chez les dames du château.

A la mort du vieux maître, le château ne fut plus habité que par un seul de ses fils. — Les autres partirent, dit-on, pour ces grandes guerres, dont les échos, répétés jusque dans nos montagnes, se mêlent confusément à mes souvenirs de jeunesse.

D'un caractère sombre et d'une humeur violente, le nouveau maître, loin de suivre les traditions paternelles, traita les Bohémiens en ennemis.

Les meilleurs ouvriers le désertèrent, et bientôt allèrent s'éteignant par degrés, les mille bruits qui fesaient ressembler la forêt à une ruche d'abeilles.

Seuls, les bucherons restèrent, ligués avec le maître pour la destruction et la vente de tout le bois, jusqu'au dernier sapin, comme des oiseaux de proie qui s'acharnent sur un cadavre.

Cependant leur spéculation, mal conduite, ou dissipée d'avance, dans ses bénéfices, par le désordre et les débauches, n'empêchait pas la ruine d'envahir lentement le seuil du château.

Plus sombre et plus bizarre que jamais, le maître passait tout son temps à la chasse, s'y montrant d'une adresse telle, que je l'ai vû, souvent, tirer à balle les vautours rapides et les abattre à ses pieds.

De sangliers, il n'en est presque plus resté dans le bois d'Iraty, depuis son passage.—Son abord était terrible: nul n'osait l'affronter. — Sa seule joie était d'entendre gémir et tomber sous la hache vingt sapins à la fois, et son œil s'allumait alors d'un éclair de cupidité féroce, par l'espoir du gain qui devait rétablir sa fortune chancelante.

Ce ne fut plus une exploitation, mais un abbattis général qui menaça de faire disparaître le dernier asyle déjà trop étroit de nos malheureuses tribus.

Un soir tous les hommes se réunirent pour tenir conseil.

« Enfans, dit le plus vieux, malheur aux aveugles qui réchauffent un serpent, au lieu de l'écraser sous leurs pieds! malheur à nous qui nous sommes laissés fasciner par l'étranger! Sa race est une race de vipères et la voilà qui nous dévore à belles dents!

» Leur nid, dites-vous, est abrité par d'épaisses murailles; mais quand on ne peut arriver jusqu'au renard, on l'enfume dans son terrier. — Encore quelques jours et le bois d'Iraty sera plus pelé que mon vieux crâne.

» Adieu, dès-lors, le refuge protecteur des noirs fourrés de sapin! Adieu la grotte inaccessible et les sentiers perdus dans les broussailles qui ne sont connus que des loups seuls et de nous... adieu la liberté!

» Encore si nous pouvions passer la *grande eau*... on dit que sur l'autre rive, il existe un monde plus vaste que la France et l'Espagne réunies... mais ici, nous sommes pris comme l'ours dans sa tannière, ou le lièvre dans son gîte.—Il s'agit de savoir si nous fuirons comme des lièvres, ou si nous saurons nous retourner comme l'ours et faire face aux chasseurs.

» Déjà, combien de transfuges parmi nous? Combien qui sont descendus dans la plaine et ne rougissent pas d'y porter le double joug des propriétaires et des prêtres.

» Nos filles , surtout, on les dirait ensorcelées par ces nouveaux venus... Tu devrais t'en souvenir, toi, Péthiry, dit-il, en se tournant vers moi... Cette belle Maïténa qui t'aimait autrefois, quel changement depuis son entrée au service des dames du château !

» Et lorsque ces étrangères partirent , elle a mieux aimé les suivre que de revenir auprès de son fiancé.»

» Ne m'en parlez pas, père, m'écriai-je, ne m'en parlez plus... Car je sentais à ce souvenir une rage mal éteinte me remonter au cœur. »

« Ce n'est pas oublier qu'il faut, mais se venger ! continua le vieillard d'une voix terrible.

— Ils font bonne garde et ils sont mieux armés que nous, observa l'un des assistants.

« Donne moi ce briquet et cet amadou , dont tu viens d'allumer ta pipe, *Manech* , dit le vieillard, il n'est pas besoin d'autres armes, pourvu qu'il se trouve parmi nous un homme de cœur. »

J'avais compris... et m'offris, le premier, pour aller explorer les environs du Château. Cinq camarades me suivirent à distance.

De peur de manquer ma vengeance, je rampais plutôt que je ne marchais, avec toutes les précautions d'un serpent qui se glisse sous l'herbe et j'arrivai jusqu'aux pieds du mur où régnait le plus grand silence.

De sentinelles, nulle part; tout semblait conspirer en notre faveur. — A peine eus-je franchi les murs que les bruits d'une immense orgie frappèrent nos oreilles. — Des lumières brillaient à toutes les fenêtres du Château, au choc des verres se mêlaient des chansons de buveurs.

Il me souvint alors que le maitre avait promis un grand festin à ses bucherons, pour les encourager dans leurs œuvres de destruction.

Leur travail avait été productif, comme le témoignaient les immenses pyramides de bois, de madriers, de planches accumulées dans les cours intérieures.

C'étaient les plus belles dépouilles de la forêt, sciées, alignées et empilées pour être vendues aux marchands de Bayonne et de S.t-Sébastien. — Il semblait que ces hêtres dépecés, ces sapins mutilés s'étaient rangés d'eux-mêmes autour du repaire de nos ennemis communs, pour leur faire un bucher gigantesque et nous permettre de les étouffer dans un cercle de feu.

Mes camarades m'avaient rejoint :

Sans perdre de temps, des branches sèches

sont emmenées auprès de chaque pile de bois et contre les portes même du Château.

L'orgie couvrait tout de ses clameurs.... de temps à autre des figures avinées passaient, en chancelant, derrière les vitres ; point de précautions extérieures, personne qui fut en état d'en prendre. — Les chiens eux-mêmes, oubliant de faire leur ronde, avaient été attirés dans les cuisines par l'odeur du festin.

L'incendie est allumé sur six points à la fois. — Il s'avance avec un pétillement sinistre, semblable au milieu des ténèbres, à un torrent qui roulerait des vagues de feu... Tout à coup, un cri terrible ébranle les voutes du Château... Au feu ! au feu !

La foudre, ni l'avalanche ne sont rien auprès de ce cri, qui jamais ne sortira de ma mémoire.

Ils étaient là, plus de cinquante hommes, courant éperdus parmi les flammes et la fumée, avec les rugissemens de démons au milieu de l'enfer.

La tribu entière était accourue pour jouir du spectacle et savourer sa vengeance, prête à repousser dans ce cercle de mort ceux qui seraient parvenus à le franchir.

Mais pas un seul ne se sauva!...

N'était-ce pas notre droit, dit le vieillard, en se tournant vers nous? Le Bohémien fait comme le chien qui lèche la main de son bienfaiteur, mais déchire à belles dents son ennemi.

L'arrivée des fils de Péthiry nous dispensa de toute réponse.

Ils ramenaient avec eux leurs femmes et leurs enfants, avec ce qu'ils avaient pu sauver dans le partage, ou plutôt dans le pillage du camp. — Le feu avait éclaté dans la tour restée débotu de l'ancien château où s'était retiré Boulharhandi avec Guéréchina. — Péthiry avait deviné juste, c'était bien Johanné qui s'était caché dans les environs pour se ménager une vengeance éclatante.

On disait qu'à la faveur de l'incendie, il avait pénétré jusqu'à la tour et enlevé Guéréchina, complice de son projet. — Boulharhandi seul, avait péri dans les flammes; mais la plus grande confusion régnait dans le camp, et l'on ne savait ce qu'étaient devenus les amants fugitifs.

Cependant, il ne nous restait plus, jusqu'à l'aube, qu'environ deux heures de nuit, juste le temps d'atteindre au sommet d'Orhi, avant le lever du soleil.

Nous nous éloignâmes rapidement ; et tout en songeant à ces mœurs Bohémiennes, à ces tableaux émouvants dont le hasard nous avait rendus témoins, il me revint à la mémoire les vers suivants de l'auteur *de Rolla* :

Si Dieu nous a tirés tous de la même fange,
Certe, il a dû pétrir dans un argile étrange
Et sécher aux rayons d'un soleil irrité,
Cet être, quelqu'il soit, ou l'aigle ou l'hirondelle,
Qui ne saurait plier ni son cou ni son aile,
Et qui n'a pour tout bien, qu'un mot : la liberté !

U. BARBEREN.

PAU, IMPRIMERIE DE É. VIGNANCOUR·

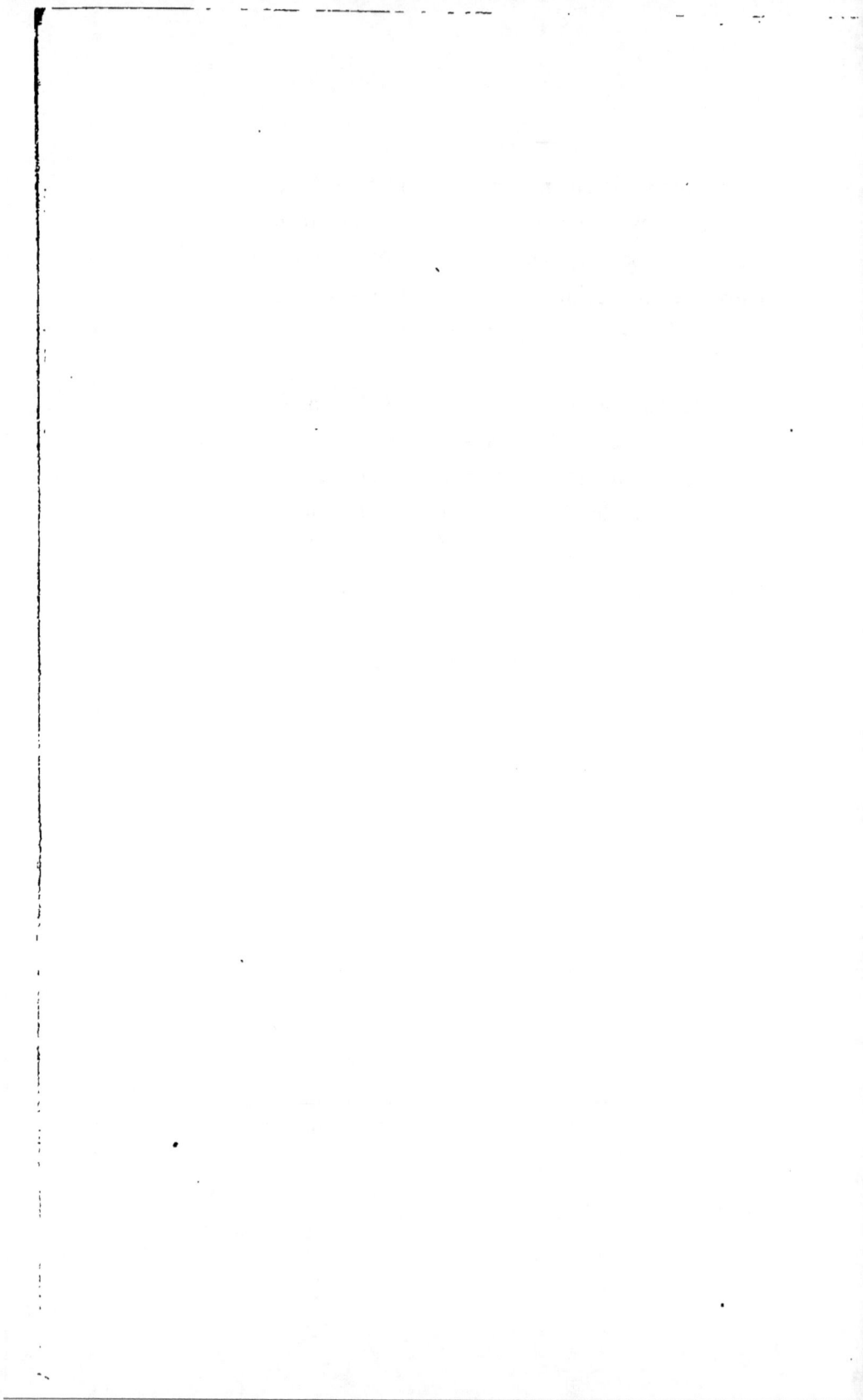

EAUX D'AHUSQUY.

Les deux extraits suivants, publiés dans le *Mémorial des Pyrénées*, suffiront pour faire connaître que ces Eaux sont dans la voie d'un véritable progrès, qui ne peut qu'augmenter encore, à mesure qu'elles seront plus connues :

Octobre 1851.

« La fontaine d'Ahusquy, située au milieu des montagnes de la Soule, jouit dans le Pays Basque d'une réputation déjà fort ancienne. On la regarde surtout comme souveraine pour le traitement des affections de la vessie, et l'on cite plusieurs cas de guérisons très remarquables. Ainsi, c'est à l'usage de l'eau d'Ahusquy que notre illustre compatriote, M. le général Harispe, a dû d'être délivré d'une maladie qui avait résisté à l'emploi de tous les moyens thérapeutiques ordinaires. Les vertus de la fontaine d'Ahusquy commencent à être connues au loin. L'année dernière, un médecin de la Faculté de Montpellier en prescrivit avec succès l'usage à un malade atteint d'une affection chronique et rebelle des voies urinaires.

» Jusqu'à ce jour, il n'existait autour de la précieuse source que des cabanes où les gens du pays se logeaient à grand peine. L'avenir auquel semblent l'appeler ses propriétés curatives, a déterminé plusieurs personnes à bâtir des maisons sur des terrains concédés par le syndicat du pays de Soule. »

—

Juillet 1853.

Depuis un temps immémorial, on a entendu parler des eaux d'Ahusquy; certaines cures, tenant presque du miracle, étaient même racontées de bouche en bouche; cependant, tout cela restait dans le vague. Ce n'est que depuis quelques années, que la merveilleuse efficacité de ces eaux a été constatée d'une manière absolue sur des personnes de toutes les classes et sous les yeux des hommes compétents. Leur juste renommée est donc désormais acquise à la science et à l'humanité.

S'il faut parler de leur action éminemment spécifique, nous constaterons que les maladies génito-urinaires, les fièvres intermittentes rebelles, l'atonie des organes digestifs, les aberrations du système nerveux, leur résistent rarement. Ces affections sont combattues en assez peu de temps d'une manière admirable et avec un avantage qu'on n'a peut-être jamais observé qu'à Ahusquy.

L'industrie privée, comprenant la voie prospère dans laquelle entre cette fontaine, dépourvue jusqu'à présent d'établissements commodes, vient de faire construire tout autour de jolies petites maisons où l'on trouve toutes les commodités de la vie, avec un confortable de bon choix. Ces établissements seront ouverts au 1er juillet, sous la direction de MM. Darroquier, de Garindein, et Irigoyhen, de Mendy, qui pour vaincre la répugnance qu'éprouvaient certaines personnes à y passer une vingtaine de jours sans assister aux offices divins, ont obtenu de Mgr l'Evêque l'autorisation d'y édifier, momentanément, un oratoire en attendant la chapelle qui sera construite l'année prochaine.

Nota. Les fermiers expédieront l'eau d'Ahusquy, au prix de 60 centimes le litre.

Pau, Imprimerie de E. VIGNANCOUR.

www.ingramcontent.com/pod-product-compliance
Lightning Source LLC
LaVergne TN
LVHW021729080426

835510LV00010B/1179